Lara Avezza

Filzen
Taschen & Hüte

CREATIV COMPACT

CHRISTOPHORUS

Inhalt

Neue Filz-Ideen

In den letzten Jahren ist die uralte Technik des Filzens neu entdeckt worden. In vielen Geschäften gibt es geschmackvolle Gebrauchsgegenstände, Schmuck und Kleidung in vielen Farben und Formen. Alle, die gerne basteln oder handarbeiten, kennen das schöne Gefühl der Zufriedenheit, etwas mit den eigenen Händen anzufertigen, besonders, wenn es sich um ein originelles und gleichzeitig nützliches Stück handelt.
Beim Filzen erleben Sie mit ganz einfachen Materialien (Wolle, Seife, Wasser) und etwas Geduld genau das Gleiche. Die einzelnen Arbeitsschritte wie Wolle legen, reiben, streichen und walken sind eine sinnliche Erfahrung, die uns hilft, zu entspannen und ein wenig vom Alltag abzulenken.
Dieses Buch erklärt Schritt für Schritt die Technik des Filzens und zeigt, wie Sie sich bezaubernde Taschen, modische Hüte und kleine Accessoires ganz einfach selber anfertigen können. Sobald Sie die Technik des Filzens gelernt haben, werden Ihnen bestimmt viele neue Ideen einfallen.

Dieses Buch ist Brigitte Hagen gewidmet, der ich die Entdeckung der magischen Welt des Filzens verdanke.

Viel Freude und Erfolg beim Filzen wünscht Ihnen Ihre

Lara Avezza

Material & Technik

Die Filztechnik

Die Grundtechnik des Filzens besteht darin, gekämmte, ungesponnene Wolle zu einer festen Oberfläche zu verarbeiten. Das ist möglich, weil sich die Wollfasern mithilfe von heißem Wasser, Seife und Bewegung verhaken und verbinden. Das Gleiche geschieht, wenn ein Wollpullover aus Versehen zu heiß gewaschen wird: Er verfilzt und schrumpft. Damit die Wollfasern sich optimal verhaken, müssen sie dachziegelartig in mehreren Lagen kreuzweise (d. h. horizontal und vertikal) übereinander ausgelegt werden.

Je nach Wollqualität schrumpft die Wolle während des Filzens erheblich, im Schnitt etwa 30 bis 40 Prozent.

Dünn ausgelegte Wolle schrumpft mehr als dick ausgelegte. Es ist deshalb sehr empfehlenswert, erst einmal ein Probestück anzufertigen.

Das Grundmaterial für alle in diesem Buch beschriebenen Modelle ist gereinigte und gekämmte Schafwolle, die chemisch oder pflanzlich eingefärbt wurde. Die verschiedenen Wollsorten werden in drei gängigen Kämmarten angeboten: als Vlies, Kardenband oder Kammzug. Alle Objekte in diesem Buch sind aus Wolle im Kammzug hergestellt. Als Seife eignet sich sowohl Schmierseife als auch Kernseife oder Seifenflocken. Flüssige Schmierseife ist empfehlenswert, da sie sich sehr einfach in Wasser auflöst. Zu vermeiden sind hingegen Spülmittel und kosmetische Seifen. Olivenseife, die aus rein pflanzlichem Fett hergestellt wird, ist für diejenigen zu empfehlen, die eine besonders empfindliche Haut haben.

Arbeitsplatz

Der ideale Arbeitsplatz ist ein großer, stabiler Tisch mit einer wasserunempfindlichen Oberfläche. Holztische mit einer Plastikfolie oder einer Plastikdecke abdecken. Auf den Tisch eine viereckige Autofußmatte aus Gummi, erhältlich in Autoersatzteilhandel, legen. In der Nähe des Arbeitsplatzes heißes Wasser bereitstellen (mindestens 60 °C oder so heiß, wie die Hände es ertragen können). Im Sommer lässt sich auch gut im Freien arbeiten.

Hilfsmittel

Als Hilfsmittel benötigen Sie ein Stück Noppenfolie, eine Wäscheeinspritzflasche, ein großes Frotteehandtuch zum Walken und eine kleine Bambusmatte (in diesem Buch nur für Schnüre verwendet).
Die Filznadel ist eine etwa 8 cm lange Nadel mit kleinen Einkerbungen und einer sehr scharfen Spitze, die beim Blütenfilzen hilfreich ist oder um nachträglich Muster auf Filzgegenstände zu stechen. Beim Einsatz einer Filznadel ist immer ein Stück Schaumgummi als Unterlage notwendig.

Schablonen

Um ein dreidimensionales Objekt in einem Stück zu filzen, wird eine Schablone benötigt. Sie dient als Formatvorlage des Gegenstandes und verhindert gleichzeitig, dass die obere und die untere Oberfläche der „Hohlform" zusammenfilzen. Um eine Schablone mehrmals benutzen zu können, muss sie wasserfest sein: Geeignet ist dafür eine relativ feste Plastikfolie, z. B. Noppenfolie oder eine Baufolie, die meterweise in Baumärkten verkauft wird. Beim Herstellen einer Schablone ist darauf zu achten, dass sie etwa 30 % größer als das fertige Filzobjekt sein muss.

Kleine Kugeln filzen

Eine kleine Kugel lässt sich gut als Verzierung eines Filzaccessoires verwenden, z. B. als Verschluss einer Tasche.

1 Ein Büschel trockene Wolle zu einem festen Knäuel wickeln. Quer auf diesen Kugelkern einen zweiten Büschel wickeln und mit Seifenlauge befeuchten. Mit den Fingerspitzen, ohne Druck, die Wolle sorgfältig streichen, bis sie gut zusammenhaftet.

2 Je nach gewünschter Größe die Kugel nach und nach mit anderen kleinen Büscheln, auch in verschiedenen Farben, beziehen und immer wieder einseifen. Zuerst sanft, dann mit kräftigem Druck, die Kugel zwischen den Handflächen rollen, bis sie sich fest anfühlt. Anschließend noch eine Weile gegen eine harte Unterlage rollen.

Hohlformen filzen

1 Die Schablone auf die trockene Gummimatte legen. Den Kammzug mit der linken Hand festhalten und mit der rechten durch eine leichte horizontale Bewegung dünne Wollbüschel auszupfen. Die Wolle gleichmäßig von links nach rechts auf die Schablone legen und die ganze Oberfläche abdecken; jeder Wollbüschel muss dachziegelartig (leicht überlappend) auf dem vorhergehenden liegen. Dabei die Wolle am linken und rechten Rand der Schablone je 2 cm überstehen lassen. Die zweite Lage Wolle von oben nach unten, d. h. im 90°-Winkel zur ersten Schicht, ebenfalls dachziegelartig auslegen und am oberen und unteren Rand der Schablone wieder überstehen lassen.

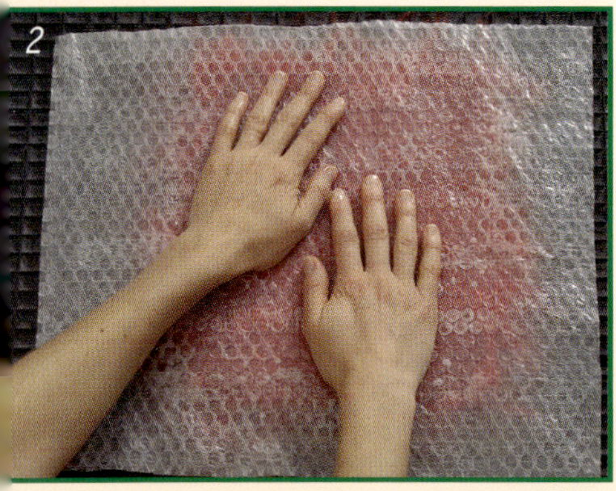

2 Einen Teelöffel Seife in der Spritzflasche mit heißem Wasser (60 °C) auflösen und mit dieser Seifenlauge die Wolle gleichmäßig befeuchten. Die Ränder sollen trocken bleiben. Die Noppenfolie mit den Luftblasen nach unten auf die Wolle legen. Etwas Wasser auf die Folie spritzen und einige Minuten lang über die ganze Oberfläche reiben. Folie entfernen.

3 Die Schablone umdrehen. Die überstehende Wolle befeuchten, sauber über die Kanten umschlagen und andrücken. Danach diese Seite der Schablone wie unter Nr. 1 beschrieben belegen. Damit der Filz am Rand der Schablone nicht dicker wird als in der Mitte, dort, wo die Wolle umgeschlagen wurde, die neue Schicht sehr dünn legen. Weiter bearbeiten wie unter Nr. 2. Je nach gewünschter Dicke des Filzes den ganzen Prozess auf beiden Seiten der Schablone noch ein- oder zweimal wiederholen. Eventuell Muster in andersfarbiger Wolle erst auf die letzte, trockene Lage legen.

4 Die Oberfläche wieder mit heißer Seifenlauge begießen, zusätzlich Seife mit den nassen Händen auftragen und mit kreisenden Bewegungen die Wolle reiben. Zuerst mit sanftem Druck, dann kräftiger, bis die Wollfasern sich verbinden. Dabei immer von außen nach innen arbeiten. Das Stück wenden und auf der Rückseite wiederholen. Den Kanten besondere Aufmerksamkeit widmen. Wenn beide Seiten gut angefilzt sind, vorsichtig das Wasser aus dem Filzstück drücken.

5 Das Filzstück an der gewünschten Stelle aufschneiden: unten für Hüte, oben für Taschen und Beutel.

6 Mit einer Hand das Filzstück festhalten und mit der anderen die Schablone vorsichtig herausnehmen.

7 Die ganze Oberfläche innen und außen mit den flachen Händen weiter bearbeiten, bis sie sich fest anfühlt. Aufgeschnittene Kanten und die Stellen, an denen die Wolle umgeschlagen wurde, besonders sorgfältig bearbeiten.

8 Das Frotteehandtuch ausbreiten und am unteren Rand etwas einrollen, damit ein fester Kern entsteht. Das Filzstück darauf legen, mit heißem Wasser besprühen, in das Handtuch einwickeln und unter leichtem Druck hin- und her- rollen. Das Stück muss von allen Seiten und in allen Richtungen gewalkt werden. Deshalb die Rolle immer wieder öffnen, den Filz in Form ziehen, die Falten ausstreichen, um 90° drehen oder wenden, begießen und immer kräftiger weiterwalken. Mit dem Walken erst dann aufhören, wenn sich der Filz fest anfühlt und sich nicht mehr ziehen lässt. Seife gut ausspülen und das Stück auswringen.

Flächen filzen

Die Wolle kreuzweise auf die Gummimatte legen, wie unter Nr. 1 beschrieben. Je nach gewünschter Dicke des Filzes zwei bis sechs Schichten Wolle auslegen. Für *melierte Oberflächen* die Wolle gleichzeitig aus zwei Kammzügen mit unterschiedlichen Farben dünn auszupfen. Für *Marmoreffekte* die obere Schicht mit mehrfarbigen Wollbüscheln bedecken. Fortsetzen, wie unter Nr. 2, 4 und 8 beschrieben.

Vorfilz anfertigen

Der *Vorfilz* ist eine dünne Fläche, die nur leicht angefilzt wurde (nur ein- oder zweimal im Handtuch gewalkt), sie kann deshalb noch mit einer anderen Filzoberfläche zusammengefilzt werden. *Der Vorfilz eignet sich besonders, um Muster auszuschneiden und Dekorationen zu gestalten.* Aus einem Vorfilz die gewünschten Muster ausschneiden und auf die letzte, trockene Wolllage legen. Mit heißer Seifenlauge begießen. Weiterarbeiten, wie unter Nr. 2, 4 und 8 beschrieben.

Schnüre filzen

1 Die Bambusmatte auf die Gummimatte legen. Je nach gewünschter Dicke der Schnur den Kammzug teilen oder als Ganzes verwenden. Eine Schnur kann sowohl einfarbig als auch aus unterschiedlichen Farben hergestellt werden. Beim Berechnen der Länge den Schrumpffaktor von 20 bis 30 % beachten. Für lange Schnüre ist es oft notwendig, Wollverbindungen anzufertigen: An diesen Stellen die Wolle etwa 2 cm überlappen und ein wenig trocken zusammenrollen.

2 Mit warmer Seifenlauge begießen, die Bambusmatte zusammenfalten und mit beiden Händen hin- und herrollen. Am besten an den Verbindungsstellen mit dem Rollen anfangen. Die Bambusmatte entfernen, wenn die ganze Länge der Schnur gerollt ist. Die Schnur immer wieder begießen und direkt auf der Gummimatte weiterrollen, bis sie ganz fest ist. Dieser Prozess kann je nach Dicke und Länge etwa 15 Minuten oder länger dauern.
Für ganz dünne Schnüre ist zu empfehlen, ein Frotteehandtuch auf die Gummimatte zu legen. Zum Schluss die Schnur ausspülen und eventuell noch in kochendes Wasser eintauchen. Dann noch einmal über die ganze Länge rollen.

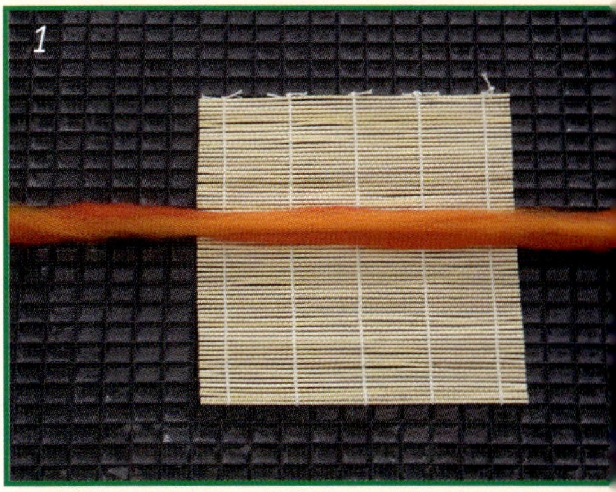

TIPP

Eine Schnur lässt sich vielfältig verwenden: zum Beispiel als Träger einer Tasche, als Blütenstängel, als Gürtel oder als Haarverzierung.

Blüten filzen

1 Einen roten und einen gelben Vorfilz aus je drei dünnen Lagen Wolle anfertigen, am besten feine Merinowolle verwenden. Daraus zwei Kreise mit verschiedenem Durchmesser ausschneiden, z. B. 8 und 10 cm.

2 Die beiden Kreise übereinander auf die Schaumstoffunterlage legen. Mithilfe einer Filznadel ein Büschel schwarzer Wolle in die Mitte einstechen. Die zwei Kreise durch häufiges Einstechen etwa 1,5 cm um den Mittelpunkt herum miteinander verbinden. Mit heißer Seifenlauge befeuchten und reiben. Darauf achten, dass die zwei Kreise am Rand nicht miteinander verfilzen.

3 Aus den beiden Kreisen Blütenblätter ausschneiden. Die unteren Blätter sollen etwas versetzt sein. Im Frotteehandtuch sanft in allen Richtungen walken, dabei jedes Mal die Blätter wieder in Form ziehen. Um die gewünschte Form der Blüte zu gestalten, die Blätter zusammenfalten und -drücken. Eventuell die Blüte mit einem Gummiband fixieren und trocknen lassen.

Um komplexere Blüten zu gestalten, mehrere Kreise Vorfilz mit steigendem Durchmesser verwenden. Für eine Glockenblume reicht ein einziger Kreis, der auch direkt als runde Fläche gefilzt werden kann (Blütenmuster siehe Vorlage A). Die Blüten auf Haargummis, Broschennadeln oder Schnüren befestigen.

Brillenetuis

Material

Grünes Etui

- Filzwolle in Lindgrün, ca. 30 g
- Filzwolle in Weiß, Gelb, je ca. 2 g
- Einige Büschel Filzwolle in Hell- und Dunkelgrün, Braun

Etui in Türkis

- Filzwolle in Dunkel- und Helltürkis, je ca. 15 g
- Etwas Filzwolle in Blau, Weiß, Schwarz

Etui in Orange-Pink

- Filzwolle in Orange, Pink, je ca. 20 g (davon 5 g für einen Vorfilz)

Vorlage B
(24 und 27 cm hoch)

Für das **grüne Etui** eine etwa 35 cm lange Schnur aus der gelben Wolle und ein Stück weißen Vorfilz anfertigen (Anleitungen Seite 8/9). Mithilfe der Schablone (Vorlage B, 24 cm hoch) eine Hohlform aus drei Lagen der lindgrünen Wolle filzen (Anleitung Seiten 6 – 8). Die Muster auf die letzte, trockene Wollschicht legen. Hierfür aus dem weißen Vorfilz zwei stilisierte Gänseblümchen schneiden und in deren Mitte etwas gelbe Wolle mit der Filznadel einstechen. Das Gras mit dünnen Büscheln grüner und brauner Wolle gestalten. Nach der Entfernung der Schablone den oberen Rand zackig einschneiden. Das Filzstück fertig stellen. Nach dem Walken einen kleinen Schnitt in der Mitte jeder Zacke machen und die gelbe Schnur einziehen. Das Etui mit dünner Plastikfolie füllen und trocknen lassen.

Für das **Etui in Türkis** eine Hohlform mit drei Lagen Wolle filzen. Zuerst das Dunkeltürkis auf die Schablone legen (Vorlage B, 27 cm hoch), dann das Helltürkis. Für die Muster aus zwei Stücken Vorfilz (Weiß und Blau) drei oder vier Schmetterlinge ausschneiden und auf die oberste, trockene Wollschicht legen. Um die Fühler der Schmetterlinge zu gestalten, dünne schwarze Büschel zwischen den Fingern rollen, in der Mitte zusammenfalten und einen Teil davon unter die Schmetterlingsform stecken. Sollten die Fühler nicht richtig mitfilzen, können sie nachträglich mit der Filznadel befestigt werden. Nach dem Herausnehmen der Schablone runde Zacken in den oberen Rand schneiden. Das Etui fertig filzen und den Rand nach unten falten.

Das **Etui in Orange-Pink** wie das türkisfarbene Etui arbeiten. Das Muster mit einem melierten Vorfilz (Anleitung Seite 8) in Pink-Orange gestalten.

Material

Täschchen mit Blüten

- Filzwolle in Rosa, Hellviolett, je ca. 40 g
- Etwas Filzwolle in Weiß, Bordeauxrot, Grün
- 1 Reißverschluss, 18 cm

Marmoriertes Täschchen

- Filzwolle in Bordeauxrot, ca. 30 g
- Filzwolle in Hellrosa, Hellviolett, Pink, insgesamt ca. 10 g
- 1 Reißverschluss, 15 cm

Vorlagen C1, C2

Die Rose aus fünf Kreisen Vorfilz mit steigendem Durchmesser (von 8 bis 20 cm) nach der Anleitung auf Seite 10 anfertigen. In den unteren grünen Kreis spitze Blätter einschneiden. Mithilfe der Filznadel zwei bis drei winzige Schnüre in der Mitte der Rose nachträglich befestigen, um die Blütenstempel zu gestalten.

Täschchen mit Blüten

Eine Hohlform nach der Vorlage C1 filzen (Anleitung Seiten 6 – 8). Zuerst die hellviolette Wolle in zwei Lagen auf die Schablone legen, dann zwei Lagen der rosa Wolle. Auf die letzte, trockene, rosa Schicht drei Büschel Grün in verschiedenen Längen legen, um die Blumenstängel zu gestalten. Beim Entfernen der Schablone den oberen Rand nicht ganz aufschneiden, sondern nur etwa 20 cm. Nach dem Walken den feuchten Beutel in Form ziehen und durch Drücken gegen eine feste Oberfläche einen flachen Boden formen. Mit eingeseiften Händen entlang der Kanten streichen, bis die gewünschte Form erreicht ist. Spülen und trocknen lassen. Den Reißverschluss einnähen. Nach der Anleitung auf Seite 10 die drei Blüten aus je einem zweilagigen Vorfilz, 10 cm Ø, anfertigen und aufnähen. Mit dem Dampfbügeleisen die Bodenkanten des Täschchens nacharbeiten.

Marmoriertes Täschchen

Das marmorierte Täschchen wie das Täschchen mit Blüten arbeiten (Vorlage C2). Zuerst drei Schichten der bordeauxroten Wolle legen, dann die vierte Schicht auf beiden Seiten mit allen anderen Farben belegen, um den Marmoreffekt zu gestalten. Zur Entfernung der Schablone einen 18 cm langen Schnitt am oberen Rand ausführen. Den Boden, wie oben beschrieben, formen. Zum Schluss den Reißverschluss einnähen und ihn mit einer Filzkugel (Anleitung Seite 5) dekorieren.

Geldbeutel

Material

Geldbeutel mit Karomuster

- Filzwolle in Dunkeltürkis, ca. 30 g
- Filzwolle in Helltürkis, ca. 15 g
- Etwas melierte Filzwolle in Blau-Violett (1 cm breiter Kammzug)
- 1 Reißverschluss, 18 cm
- 1 Druckknopf

Gestreifter Geldbeutel

- Filzwolle in Hellblau, ca. 30 g
- Etwas melierte Filzwolle in Blau-Violett (1 cm breiter Kammzug)
- 1 Reißverschluss, 15 cm

Kleiner Geldbeutel

- Filzwolle in Bordeauxrot, ca. 13 g
- Etwas Filzwolle in Pink, Lindgrün
- 1 Druckknopf

Vorlagen D1 (13, 16 und 26 cm hoch), D2

Tipp

Vor dem Walken die Kanten heften. Den Faden erst nach dem Trocknen entfernen.

Die roten Blüten und die Schnur nach den Anleitungen auf den Seiten 9/10 anfertigen.

Für den **Geldbeutel mit Karomuster** zwei Schablonen gleichzeitig verwenden, um eine Hohlform mit zwei Fächern herzustellen. Nach der Vorlage D1 zwei u-förmige Schablonen von 16 und 26 cm Höhe, aber gleicher Breite vorbereiten. Die helltürkise Wolle in drei Lagen nur auf eine Seite der kleineren Schablone legen und am Rand etwa 3 cm überstehen lassen. Auf der obersten, trockenen Schicht das Karomuster mit der melierten Wolle gestalten, anschließend die überstehende Wolle, wie unter Nr. 3 Seite 6 beschrieben, umschlagen. Die dunkeltürkise Wolle in drei Lagen auf beide Seiten der größeren Schablone auflegen. Die oberste Schicht befeuchten und darauf die kleine Schablone (Seite mit der umgeschlagenen Wolle nach unten) so legen, dass die unteren Ränder bündig sind. Die Kanten besonders sorgfältig reiben. Zum Herausnehmen der Schablonen den Filz aufschneiden (siehe gestrichelte Linie der Vorlage). Die innere Klappenhälfte abschneiden. Den Rand der äußeren Klappenhälfte mit der Schere wellig modellieren. Das Stück fertig filzen. Den Reißverschluss in das äußere Fach der trockenen Tasche einnähen und den Druckknopf als Verschluss der Klappe befestigen. Die äußere Seite der Klappe mit einer Blüte oder einer Filzkugel verzieren.

Für den **gestreiften Geldbeutel** nach der Vorlage D1 eine 13 cm hohe Schablone vorbereiten und eine Hohlform aus der hellblauen Wolle filzen. Die Streifen mit der melierten Wolle in Blau-Violett gestalten. Den Reißverschluss nach dem Trocknen einnähen.

Nach der Vorlage D2 den **kleinen Geldbeutel**, wie oben beschrieben, anfertigen. Um die Schablone zu entfernen und die Klappe zu erhalten, den Filz aufschneiden (siehe gestrichelte Linie der Vorlage). Den Druckknopf als Verschluss annähen.

Kleine Täschchen

Material

Linke Tasche

- Filzwolle in Lindgrün, ca. 90 g
- Filzwolle in Rosa, Bordeauxrot, insgesamt ca. 20 g
- Garn in Bordeauxrot

Rechte Tasche

- Filzwolle in Naturbraun, ca. 90 g
- Filzwolle in Naturbeige, ca. 20 g
- Einige Büschel Filzwolle in Orange, Rot

Vorlage E

Tipp
Das Strahlenmuster der rechten Tasche nachträglich mit trockener Wolle und einer Filznadel gestalten.

Linke Tasche

Nach der Vorlage E eine Schablone anfertigen. Für den Träger eine Schnur aus grüner Wolle filzen (Anleitung Seite 9). Dafür 3/4 eines Kammzugs in einer Länge von etwa 150 cm legen. An beiden Enden der Schnur etwa 5 cm trockene Wolle zum Anfilzen an die Tasche übrig lassen. Die restliche grüne Wolle für eine Hohlform verwenden (Anleitung Seiten 6 – 8). Auf die letzte, trockene Wollschicht beider Seiten des Filzstücks Streifen in Bordeauxrot und Rosa legen. Um die Schablone zu entfernen, den Filz aufschneiden (siehe gestrichelte Linie der Vorlage). Die innere Klappenhälfte abschneiden. Vor dem Walken den Träger mithilfe einer Filznadel auf der Innenseite befestigen und mit eingeseiften Händen anfilzen. Der Träger kann aber auch nachträglich angenäht werden. Eine bordeauxrote Kugel filzen (Anleitung Seite 5) und sie gegen eine harte Oberfläche rollen, um eine ovale Perle herzustellen. Als Verzierung auf die Klappe nähen. Wenn das Filzstück trocken ist, nach Wunsch den Rand der Klappe mit dem Garn verzieren.

Rechte Tasche

Die rechte Tasche, wie oben beschrieben, anfertigen. Für dieses Stück eine grobe, naturfarbene Wolle verwenden. Die Filzeigenschaften dieser Wolle sind anders als die von Merinowolle, deswegen entsteht aus der gleichen Schablone eine Tasche mit einer etwas anderen Form.

Handtaschen

Material

Braune Tasche

- Filzwolle in Naturbraun, ca. 200 g
- Filzwolle in Orange, ca. 5 g
- Einige Büschel Filzwolle in Beige, Lindgrün, Olivgrün

Tasche in Orange-Pink

- Filzwolle in Pink, ca. 150 g
- Filzwolle in Orange, ca. 50 g
- Filzwolle in Gelb, ca. 20 g

Vorlage F

Die Filzblüte nach der Anleitung auf Seite 10 anfertigen.

Braune Tasche

Nach der Vorlage F eine Schablone anfertigen. Nach der Anleitung auf den Seiten 6 – 8 eine Hohlform aus sechs Lagen brauner Wolle filzen. Auf die letzte, trockene, braune Schicht beider Seiten die orange, beige, lind- und olivgrüne Wolle büschelweise verteilen, um das Muster zu gestalten. Darauf achten, dass zwischen den Farben die braune Wolle noch zu sehen ist. Das Filzstück aufschneiden (siehe gestrichelte Linie der Vorlage), um die Schablone zu entfernen und die Griffe zu formen. Nur auf einer Seite einen vertikalen, etwa 3 cm hohen Schlitz als Knopfloch einschneiden. Die Tasche fertig filzen und einen etwa 10 – 12 cm breiten Boden formen, wie auf Seite 14 beschrieben. Mit einem Handtuch füllen und trocknen lassen, dann die Kanten des Bodens mit dem Dampfbügeleisen nacharbeiten. Eine Kugel aus der orangenen Wolle filzen (Anleitung Seite 5) und als Knopf annähen.

Tasche in Orange-Pink

Diese Tasche wie die braune Tasche arbeiten. Für das Muster einen melierten Vorfilz in Gelb-Orange aus drei Lagen nach der Anleitung auf Seite 8 anfertigen. Daraus eine Spirale mit etwa 12 cm Ø und sechs Dreiecke ausschneiden. Eine Hohlform filzen, dabei die pinkfarbene Wolle in vier Schichten auf die Schablone legen. Die fünfte und die sechste Schicht in Pinkorange meliert gestalten (Anleitung Seite 8). Das Muster nur auf eine Seite der Tasche legen.

Tasche in Rot-Braun

Material

- Filzwolle in Braun, ca. 140 g
- Filzwolle in Rot, ca. 100 g
- Filzwolle in Hellrot, Lachsorange, Orange, Gelb, insgesamt ca. 30 – 40 g

Vorlage G

Tipp

Vor dem Walken die Handgriffe mit einer provisorischen Naht an die Tasche heften.

Für die Handgriffe aus etwa 40 g brauner Wolle zwei Schnüre filzen (Anleitung Seite 9). Dazu den ganzen Kammzug in einer Länge von je etwa 45 cm benutzen. An beiden Enden der Schnüre etwa 5 cm trockene Wolle zum Anfilzen an die Tasche übrig lassen.

Einen marmorierten, zweilagigen Vorfilz, 40 x 40 cm, aus der bunten Wolle (Rot, Hellrot, Orange, Lachsorange, Gelb) anfertigen (Anleitung Seite 8). Aus dieser Fläche ein unregelmäßiges Netz gestalten: Ungefähr 20 Rechtecke unterschiedlicher Größe ausschneiden. Die ausgeschnittenen Stücke halbieren. Nach der Vorlage G eine Schablone vorbereiten und eine Hohlform filzen (Anleitung Seiten 6 – 8). Zuerst zwei Lagen rote Wolle auf beiden Seiten der Schablone auslegen. Eine Schnur zum Handgriff biegen und ansetzen. Dabei darf nur die trockene Wolle auf der Schablone liegen. Mit je einer Lage roter und brauner Wolle bedecken. Das Gleiche auf der anderen Seite wiederholen. Um das Filzstück zu wenden, eine feste Oberfläche, z. B. einen Karton, darauf legen, damit die Handgriffe nicht wegrutschen. Besonders kräftig dort reiben, wo die Handgriffe anfilzen müssen!

Noch zwei Lagen braune Wolle auslegen. Die vorbereitete Netzfläche aus Vorfilz auf die letzte, trockene Schicht legen. In die Mitte jedes Rechtecks noch ein bereits zugeschnittenes, halbiertes Rechteck platzieren. Das Muster nur auf einer Seite der Tasche gestalten. Die Tasche fertig filzen. Um sie in ihre dreidimensionale Form zu bringen, ein Stück Styropor oder ein in Plastikfolie eingewickeltes Buch in die Hohlform stecken. Mit eingeseiften Händen die Kanten sorgfältig streichen.

Die Tasche ausspülen und wieder in Form ziehen. Mit einem Handtuch füllen und trocknen lassen. Die Kanten mit einem Dampfbügeleisen nacharbeiten.

Mit Wiesenmotiv

Material

- Filzwolle in Lindgrün, ca. 150 g
- Filzwolle in Türkisblau (oder Kobaltblau), ca. 150 g
- Filzwolle in Blau, ca. 20 g
- Filzwolle in Weiß, ca. 10 g
- Einige Büschel Filzwolle in Gelb, Rot, Schwarz, verschiedenen Grüntönen

Vorlage H

Die Schnur mit den türkisen und blauen Blüten nach den Anleitungen auf den Seiten 9/10 anfertigen.

Tipp
Vor dem Walken die Stellen, an denen der Träger mit der Tasche verbunden ist, mit einer provisorischen Naht verstärken.

Für den Träger eine Schnur aus etwa 70 g lindgrüner Wolle filzen (Anleitung Seite 9). Dafür einen ganzen Kammzug auf einer Länge von etwa 120 – 130 cm benutzen. An beiden Enden etwa 5 cm trockene Wolle zum Anfilzen an die Tasche übrig lassen.
Für das Wiesenmotiv einen weißen und einen melierten Vorfilz in Türkis-Blau, je 20 x 15 cm, anfertigen (Anleitung Seite 8). Daraus zwei Gänseblümchen, ca. 8 cm Ø, und fünf Kornblumen verschiedener Größe ausschneiden. In der Mitte jeder Blüte etwas gelbe Wolle mit der Filznadel einstechen.
Nach der Vorlage H eine Schablone herstellen und eine Hohlform filzen (Anleitung Seiten 6 – 8). Beide Seiten der Schablone mit zwei Lagen türkiser Wolle bedecken, dann den Träger an die äußersten Ränder ansetzen. Nur der trockene Teil der Schnur darf auf der Schablone liegen! Zwei weitere Schichten türkiser Wolle auslegen. Um das Filzstück zu wenden, eine feste Oberfläche, z. B. einen Karton, darauf legen, damit der Träger nicht wegrutscht. Besonders kräftig dort reiben, wo der Träger anfilzen muss. Zuletzt zwei Schichten lindgrüne Wolle auslegen.
Auf der obersten, trockenen Lage Wolle die Wiese gestalten. Dünne Büschel verschiedener Grüntöne, Gelb und Schwarz unregelmäßig verteilen, dann die Blüten aus Vorfilz auflegen und hier und da kleine rote Knäuel.
Die Schablone entfernen und in die gemusterte Seite ein etwa 3 cm hohes Knopfloch einschneiden. Das Filzstück anfertigen und in noch feuchtem Zustand einen Boden modellieren (siehe Anleitung Seite 14). Mit einem Handtuch füllen und trocknen lassen.
Eine türkisgrüne Kugel filzen (Anleitung Seite 5) und als Knopf annähen. Nach Wunsch den Träger mit einer türkisblauen Schnur verzieren.

Elegante Hüte

Material

Schwarzer Hut

- Filzwolle in Schwarz, ca. 100 g
- Filzwolle in Grau, ca. 6 g
- Ein Büschel Filzwolle in Weiß

Hut in Orange

- Filzwolle in Orange, ca. 120 g
- Filzwolle in Rot, ca. 20 g
- Filzwolle in Gelb, ca. 5 g
- Filzwolle in Lachs-orange, ca. 5 g

Vorlage J
(40 und 47 cm hoch)

Tipp
Für den Hut in Orange nach dem Walken einen etwa 1,5 cm breiten Streifen Filz vom unteren Rand abschneiden, zu zwei Schnecken aufrollen und als Dekoration auf den trockenen Hut nähen.

Für den **schwarzen Hut** nach der Vorlage J eine 40 cm hohe Schablone herstellen. Mit vier Schichten schwarzer Wolle bedecken und eine Hohlform filzen (Anleitung Seiten 6 – 8). Während des Walkens gelegentlich das Filzstück auf dem eigenen Kopf anprobieren, um den gewünschten Umfang zu erhalten. Um den Hut in Form zu bringen, das Filzstück wieder auf den eigenen Kopf oder auf eine abgerundete Oberfläche (z. B. einen Ball oder Perückenkopf) ziehen und mit eingeseiften Händen die Oberseite gut streichen. Wenn der Hutdeckel schön rund ist, den oberen Rand des Hutes mit eingeseiften Fingerspitzen modellieren. Ungefähr 12 cm unter dem oberen Rand den Filz nach innen falten. Spülen und wieder in Form bringen. In noch feuchtem Zustand den Hut mit dem Dampfbügeleisen nacharbeiten. Eine graue Blüte aus Vorfilz, 14 cm Ø, mit einem weißen Spiralmuster anfertigen (Anleitung Seite 10) und nach dem Trocknen als Verzierung auf den Hut nähen. In der Mitte der Blüte schwarze Wolle mit der Filznadel einstechen.

Für den **Hut in Orange** nach der Vorlage J eine 47 cm hohe Schablone anfertigen und eine Hohlform filzen. Die orangene Wolle in fünf Lagen auslegen und die sechste Lage auf beiden Seiten mit Marmoreffekten gestalten (Anleitung Seite 8). Dazu rote, orangene, gelbe und lachsorangene Wolle benutzen. Nach Entfernung der Schablone das Filzstück wenden, sodass die orangene Seite außen liegt. Den Hut modellieren (Anleitung siehe schwarzer Hut). An der gewünschten Stelle den Filz zweimal nach außen falten, um einen Hutrand mit „Marmoreffekt" zu erhalten. Die Kanten mit dem Bügeleisen dämpfen.

Elfenmützen

Material

Grüne Mütze

- Filzwolle in Grasgrün, ca. 60 g
- Filzwolle in Lindgrün, Blau, ca. 5 g

Gelbe Mütze

- Filzwolle in Gelb, ca. 50 g
- Filzwolle in Lachs-orange, Orange, ca. 5 g

Vorlage K
(44 cm und 50 cm hoch)

Tipp
Für diese Mützen am besten feine Merinowolle verwenden.

Die Schwierigkeit dieser zwei Modelle besteht darin, sie aus einem dünnen, zweilagigen Filz herzustellen. Für diese relativ dünne Oberfläche muss die Wolle besonders regelmäßig ausgezupft und ausgelegt werden.

Für die **grüne Mütze** nach der Vorlage K eine Schablone mit der Höhe 50 cm anfertigen. Die grüne Wolle in zwei Lagen auslegen und eine Hohlform filzen (Anleitung Seiten 6 – 8). Beim Legen der Wolle darauf achten, dass sie an der Spitze der Schablone nicht zu dick wird. Auf der obersten, trockenen Schicht Büschel aus Lindgrün und Blau verteilen, um den Marmoreffekt zu gestalten. Zur Entfernung der Schablone das Filzstück aufschneiden (siehe gestrichelte Linie der Vorlage). Die Schnittkanten mit der Schere regulieren. Die Mütze fertig filzen. So lange walken, bis die gewünschte Größe erreicht ist. Gelegentlich die Mütze auf den Kopf stülpen. Den vorderen Rand der Mütze nach innen falten. Spülen und wieder in Form bringen. Die zwei Ohrlappen auf dem Zeigefinger aufrollen und mit einigen Nähstichen an der Mütze befestigen. Über eine Schüssel stülpen und trocknen lassen.

Für die **gelbe Mütze** nach der Vorlage K eine Schablone mit der Höhe 44 cm herstellen. Die gelbe Mütze wie die grüne Mütze anfertigen. Marmoreffekte mit den zwei Orangetönen gestalten. Zwei Kugeln aus der orangenen und lachsorangenen Wolle filzen (Anleitung Seite 5). Die Ohrlappen nach oben falten, an die Mütze nähen und mit den zwei Kugeln verzieren.

Runde Hüte

Material

Roter Hut

- Filzwolle in Weinrot, ca. 140 g
- Filzwolle in Hell- und Dunkelrosa, Lila, Violett, insgesamt ca. 10 g
- Ein Büschel Filzwolle in Schwarz

Hut in Beige (Anleitung Seite 32)

- Filzwolle in Naturbeige, ca. 120 bis 140 g
- Filzwolle in Braun, Schwarz, je ca. 3 g

Vorlagen L1, L2

Roter Hut

Nach der Vorlage L1 eine Schablone anfertigen. Nach der Anleitung auf den Seiten 6 – 8 aus sechs Lagen weinroter Wolle eine Hohlform filzen. Kleine rosa, lila und violette Büschel unregelmäßig auf der letzten, trockenen, roten Lage beider Seiten verteilen. Nach Entfernung der Schablone den unteren Rand des Filzstücks sauber abschneiden, um später eine Krempe mit glattem Rand zu haben. Den Hut in Form bringen. Walken, bis der gewünschte Umfang erreicht ist. Das Filzstück auf dem eigenen Kopf oder einer abgerundeten Oberfläche zu einer runden Form modellieren (siehe Seite 26). Etwa 3 cm des unteren Rands flach gegen eine feste Unterlage drücken, mit eingeseiften Händen sorgfältig ziehen und streichen, um die Hutkrempe zu formen. Spülen und wieder in Form bringen. Auf der Rückseite des Hutes die Krempe nach innen falten. Noch im feuchten Zustand die Krempe mit dem Dampfbügeleisen nacharbeiten. Über eine Schüssel stülpen und trocknen lassen. Einen Vorfilz, etwa 20 mal 20 cm, aus allen Farben herstellen und daraus fünf größere und fünf kleinere Blütenblätter ausschneiden (Anleitung Seite 8). Zwei Blüten verschiedener Größe zusammennähen, in deren Mitte je eine rote Filzkugel (Anleitung Seite 5) mit einigen Nähstichen fixieren. Anschließend etwas schwarze Wolle mit der Filznadel um die Kugeln herum einstechen. Die fertigen Blüten als Verzierung auf den trockenen Hut nähen.

Anleitung Hut in Beige Seite 32.

Impressum

© Christophorus
im Verlag Herder
Freiburg im Breisgau 2005

Printed in Germany
ISBN 3-419-56696-4

Lektorat:
Gisa Windhüfel, Freiburg

Styling und Fotos:
Christoph Schmotz, Freiburg

Covergestaltung und Layoutentwurf:
Network!, München

Coverrealisierung:
smp, Freiburg

Satz:
art und weise, Freiburg

Druck:
Freiburger Graphische Betriebe

Verlag Herder GmbH
Christophorus-Verlag
Hermann-Herder-Str. 4
79104 Freiburg

Tel.: 0761/2717-0
Fax: 0761/2717-352

E-Mail:
info@christophorus-verlag.de

www.christophorus-verlag.de

Hut in Beige

Abbildung & Materialangaben Seite 30/31

Für diesen Hut ist eine grobe, naturbeige, melierte Wolle verwendet worden, die man natürlich auch durch Merinowolle ersetzen kann. Nach der Vorlage L2 eine Schablone vorbereiten. Mit vier bis sechs Schichten Wolle bedecken (bei der groben Wolle reichen etwa 120 g in vier Lagen, bei Merinowolle etwa 140 g in sechs Lagen). Auf der letzten, trockenen Wollschicht das Muster gestalten (nur auf einer Seite des Filzstücks). Dünne schwarze und braune Büschel zwischen den Fingern rollen und unregelmäßig verteilen, dann kleine braune Knäuel legen. Das Stück fertig filzen und die Hutform, wie auf Seite 30 beschrieben, modellieren. Für die Krempe den Hut auf dem eigenen Kopf anprobieren, um zu entscheiden, wo der untere Rand als Krempe umgeschlagen werden soll (durchgehend nach außen). Entsprechend der Schablone entsteht eine Krempe, die rechts und links höher als vorne und hinten ist. Vom Mittelpunkt der Rückseite aus rechts und links je etwa 12 cm entlang des Umfangs abmessen. Die zwei Punkte mit einer Nadel markieren und dort die Krempe zusammendrücken. Den Rand jetzt nach innen falten, sodass die Schnittkante unsichtbar wird, und mit einer provisorischen Naht heften. Ein Dampfbügeleisen ist beim Falten des Filzes hilfreich. Spülen und wieder in Form bringen. Über eine Schüssel stülpen und trocknen lassen.